LIGUE FRANÇAISE DE L'ENSEIGNEMENT

CERCLE NANCÉIEN

CATALOGUE

DE LA BIBLIOTHÈQUE

MAI 1922

NANCY

IMPRIMERIE BERGER-LEVRAULT

CATALOGUE

DE LA BIBLIOTHÈQUE

MAI 1922

Ligue Française de l'Enseignement

CERCLE NANCÉIEN

La Ligue de l'Enseignement, Société d'Éducation, s'est donné comme tâche d'instruire, mais *d'instruire en amusant.*

1º Elle offre à ses membres des Conférences, faites par les hommes les plus compétents, sur les sujets les plus divers : Arts, Sciences, Lettres, Politique, etc... Ces conférences sont accompagnées de projections, de films, d'auditions. Elles ont lieu pendant l'hiver, à la Salle Poirel, tous les quinze jours, le dimanche au cours de l'après-midi.

Aux conférences s'ajoutent les Soirées de Famille. Ces soirées sont données en hiver, le dimanche, à la Salle Poirel; elles offrent un choix de distractions de la plus haute valeur intellectuelle : causeries, récitation, musique, pièces de théâtre, etc...

2º La Ligue de l'Enseignement organise tous les dimanches, quand le temps le permet, des excursions dans les environs de Nancy et dans toute la Lorraine. Ces excursions, dirigées par des guides excellents, sont à la fois un précieux exercice physique et une occasion d'ap-

prendre sur place la géographie, l'histoire, l'archéologie et les sciences naturelles de notre belle Lorraine.

3º Enfin, la Ligue de l'Enseignement met à la disposition de ses membres une Bibliothèque populaire, 4, rue Chanzy. A côté de livres spéciaux sur tous les ordres de connaissances, cette bibliothèque, qui comprend actuellement plus de 6.500 volumes, contient une riche collection d'ouvrages de vulgarisation scientifique, et tous ceux des romans contemporains qui présentent une réelle valeur littéraire. En outre, les enfants, les jeunes gens, les jeunes filles, y trouvent à leur usage des volumes nombreux et bien choisis.

La bibliothèque est ouverte de 9 à 11 heures tous les dimanches, à l'exception des jours de fête légale. Pendant les mois de vacances (août et septembre), elle n'ouvre ses portes qu'un dimanche sur deux. Chaque carte de membre de la Ligue donne le droit d'emporter deux volumes.

La Ligue de l'Enseignement est accessible à tous. La cotisation annuelle est fixée à 6 francs.

Pour tous renseignements, s'adresser à M. Taron, trésorier, 36, rue Saint-Georges.

Nancy, mai 1922.

CATALOGUE

de la

Bibliothèque de la Ligue de l'Enseignement

ROMANS — THÉATRE — LIVRES AMUSANTS

Les ouvrages dont le nom d'auteur est précédé d'un astérisque * sont écrits spécialement pour les enfants, les jeunes gens et les jeunes filles.
Les ouvrages précédés du signe ≈ ne peuvent pas être mis dans toutes les mains.

About (E.).	Alsace.	1
—	L'Homme à l'oreille cassée.	3
—	Maître Pierre.	505
—	Le Mari imprévu (La Vieille Roche).	4
—	Les Mariages de province.	6
—	Le Marquis de Lanrose (La Vieille Roche).	7
—	Le Nez d'un notaire.	501
—	Le Roi des montagnes.	8
—	Le Roman d'un brave homme.	9
—	Risette, etc. (Pièces de théâtre).	1188
Achard (A).	Les Chaînes de fer.	13
—	La Famille Guillemot.	14
Acker (P.).	Les Demoiselles Bertram.	1261

Acker (P.).   Les Exilés.   1271
    —   La Protectrice.   1191
Adam (P.).   La Force du mal.   1316
Aderer (A.)   Chez les rois.   1267
    —   Le Mariage du lieutenant.   1467
Aimard (G.).   Les Bisons blancs.   18
    —   Le Capitaine Kild.   21
    —   Cardenio.   22
    —   La Castille d'or.   23
    —   Les Chasseurs d'abeilles.   24
    —   Le Chercheur de pistes.   25
    —   La Cigale.   27
    —   Le Commandant Delgrès.   30
    —   Le Comte de Warrens.   334
    —   L'Éclaireur.   41
    —   Fanny Dayton.   43
    —   Le Forestier.   45
    —   Le Fort Duquesne.   46
    —   Les Francs-tireurs.   47
    —   Les Gambucinos.   48
    —   Le Grand chef des Aucas.   49-50
    —   La Grande flibuste.   51
    —   Les Guaranis.   52
    —   La Loi de lynch.   54
    —   La Main ferme.   55
    —   Les Marquards.   56
    —   La Mas-Horca.   57
    —   Le Montonero.   58
    —   Les Nuits mexicaines.   59
    —   L'Œil gris.   60
    —   L'Oiseau noir.   61
    —   L'Olonnais.   967
    —   Ourson-Tête-de-Fer.   63
    —   Les Outlaws du Missouri.   1500
    —   Passe-Partout.   65

Aimard (G.).	Les Pirates des prairies.	69
—	Sacramenta.	75
—	Le Saut de l'Élan.	77
—	Le Souriquet.	79-80
—	Les Trappeurs de l'Arkansas.	82
—	Valentin Guillois.	84
—	Les Vaudoux.	85
—	Vent-en-Panne.	87
—	La Vie d'estoc et de taille.	88
—	Zeno Cabral.	90
*Albignac (J. d').	Histoire des quatre fils Aymon.	2002
= Allais (A.).	L'Affaire Blaireau.	562
—	A l'œil.	1149
Allard (L.).	Les Vies muettes.	1273
Ancelot (Mme).	Antonia Vernon.	91
*Andersen.	Contes.	782
* —	Nouveaux contes danois.	2083
= Annunzio (G. d').	L'Intrus.	1277
—	Le Triomphe de la mort.	1278
Anstey (F.).	Voces populi (Scènes de la vie anglaise).	1308
*Ardel (H.).	Mon cousin Guy.	1122
Arène (P.).	Nouveaux contes de Noël.	507
Argles (Mme).	Portia.	232
Art Roë.	Pingot et moi.	92
—	Racheté.	93
Arthez (D. d').	La Femme de mon fils.	465
*Assollant (A.).	Aventures... du Capitaine Corcoran.	783
* —	La Bataille de Laon (1814).	95
—	Deux amis en 1792.	543
* —	Histoire du célèbre Pierrot.	786
—	Récits de la vieille France.	96
*Auerbach.	La Fille aux pieds nus.	2003
—	La Jolie brodeuse.	779

Augier (E.).	Le Fils de Giboyer.	546
—	Le Gendre de M. Poirier.	5o6
Aunet (d').	L'Héritage du marquis d'Elvigny.	99
Auvray (R.).	Les Gens d'Épinal (1423-1444).	547
B...	La Ferme de Valcomble.	2o84
Badel (E.).	La Sorcière de Saint-Nicholas.	1469
Bailly (A.).	Hélène Jarry.	1192
Balesta (C.).	Une Fleur sur les ruines.	13o9
Balleydier (A.).	Veillées du peuple.	1o1
—	Veillées maritimes.	1o2
Balzac (H. de).	Eugénie Grandet.	1o3
—	Le Lys dans la vallée.	971
—	Le Médecin de campagne.	55o
—	Pages choisies.	548
Barancy (J.).	Pour Suzanne.	1o4
Baraudon (A.).	Enracinés.	785
Barbusse (H.).	Nous autres.	1o12
*Barracand (L.).	Le Bonheur au village.	2oo4
Barrès (M.).	Les Amitiés françaises.	1o5
—	Amori et dolori sacrum.	784
—	Colette Baudoche.	551
—	Les Déracinés.	1279
—	L'Ennemi des lois.	1o13
—	Le Jardin de Bérénice.	1o14
—	Le Voyage de Sparte.	1o6o
Bast (A. de).	Les Fresques.	1o6
Baumann (E.).	La Fosse aux lions.	125o
*Bawr (Mme de).	Nouveaux contes pour les enfants.	1o7
Bazin (R.).	A l'aventure.	1o8
—	Contes de Bonne Perrette.	128o
—	Les Nouveaux Oberlé.	145o
—	Les Oberlé.	1281
—	La Sarcelle bleue.	113
—	Une tache d'encre.	114

Bazin (R.).	La Terre qui meurt.	1282
Beaumarchais.	Le Mariage de Figaro.	555
Beaume (G.).	Rosière et moi.	961
*Beaune et Wilna.	Histoires de chiens et chats.	788
=Beaunier (A.).	Picrate et Siméon.	1105
—	Le Roi Tobol.	1193
Bédier (J.).	Le Roman de Tristan et Yseut.	773
Bell (Currer).	Jane Eyre.	73
Bellamy (Edw.).	Cent ans après, ou l'an 2.000.	556
Belot (A.).	P'tit homme.	787
—	L'Article 47.	544
Benoit (P.).	L'Atlantide.	1283
—	Kœnigsmark.	1284
—	Le Lac Salé.	1106
Bentzon (Th.)	Constance.	128
—	Figure étrange. Un Gascon.	129
—	Malentendus.	570
—	Le Parrain d'Annette.	131
* —	Récits de tous les pays.	722
Beral (P.).	Le Mirage.	559
Bergerat (E.).	Le Petit Moreau.	789
—	Les Soirées de Caliban-Grève.	790
Berkeley (Ch. de).	Vieille histoire.	132
Bernard (Ch. de).	Les Ailes d'Icare.	134
—	Un beau-père.	135-136
—	Le Gentilhomme campagnard.	137-138
—	Un homme sérieux.	139
—	Le Nœud gordien.	140
—	Le Paratonnerre.	141
—	Le Parayent.	142
Bernard (T.).	Amants et voleurs.	1317
—	Mathilde et ses mitaines.	1318
Bernardin de St-Pierre.	Paul et Virginie.	143

Bersezio (V.).	Les Anges de la terre.	233
—	Pauvre Jeanne.	237
= Bersier (Mme Eug.)	Ici et là.	571
Berthaut (L.).	Fantôme de Terre-Neuve.	793
*Berthet (E.).	L'Enfant des bois.	144
* —	Les Houilleurs de Polignies.	145
* —	Les Petits écoliers dans les cinq parties du monde.	2005
* —	Les Petites écolières dans les cinq parties du monde.	2006
Berthold (F.).	Enchaînés.	791
Bertnay (P.).	Le Louveteau.	794
Bertrand (Léon).	Au Fond de mon carnier.	146
Bertrand (Louis).	La Cina.	1319
—	La Concession de madame Petitgand.	1384
—	Flaubert à Paris.	1474
—	L'Infante.	1320
—	L'Invasion.	1321
—	Mademoiselle de Jessincourt.	1322
—	Pépète et Balthasar.	1323
—	Le Rival de Don Juan.	1372
—	Sanguis Martyrum.	1373
Beyerlein (F. A.).	Iéna ou Sedan.	561
*Biart (L.).	La Capitana.	796
* —	La Frontière indienne.	799
* —	Le Bien d'autrui.	273
*Bignon (J.).	Un singulier petit homme.	800
Bikelas (D.).	Nouvelles grecques.	563
Bilse (lieut. O.).	Petite garnison.	564
*Binger (L. G.).	Le Serment de l'explorateur.	2007
*Blaise (P.).	Les Deux marraines.	801
Blanc (May A.).	La Maison des roses.	565
*Blanchère (H. de la).	Aventures de La Ramée et de ses trois compagnons.	566

Blandy.	Pierre de touche.		567
Blavet (E.).	La Vie parisienne.		962
*Bocquet (L.).	Courages français.	G	142
Boissonas.	Une Famille pendant la guerre.		148
*Boiteau (P.).	Légendes pour enfants.		802
Bojer (J.).	Le Caméléon.		1451
—	La Grande faim.		1452
—	La Puissance du mensonge.		583
Bonnamour (G.).	Les Trois poteaux de Satory.		1260
Bonnefon (J. de).	Drame impérial.		795
Bonnellier (H.).	Un homme sans cœur.		2085
Bordeaux (H.).	L'Amour en fuite.		1016
—	Le Carnet d'un stagiaire.		1017
—	La Chair et l'esprit.		1018
—	La Croisée des chemins.		1019
—	L'Écran brisé.		1020
—	Une honnête femme.		1021
—	Jeanne Michelin.		1023
—	Le Lac Noir.		1324
—	La Maison.		1029
—	Le Mariage.		1109
—	Ménages d'après guerre.		1031
—	La Neige sur les pas.		1033
—	La Nouvelle Croisade des En- fants.		1035
—	Le Pays natal.		1036
—	Paysages romanesques.		1503
—	La Petite Mademoiselle.		1037
—	La Peur de vivre.		1107
—	La Résurrection de la chair.		1374
—	La Robe de laine.		1039
—	Les Roquevillard.		1040
—	La Voie sans retour.		1108
—	Les Yeux qui s'ouvrent.		1753
Bornier (H. de).	La Fille de Roland.		582

Bouchor (M.).	Cinq pièces en un acte.	579
—	Saynètes et farces.	577
—	La Paix, etc.	1190
Bouilly (J. N.).	Contes à ma fille.	1255
*Bourdon (Mme).	Abnégation.	151
* —	Marthe Blondel.	153
Bourget (P.).	André Cornélis.	1325
—	Anomalies.	1194
—	Un cœur de femme.	1195
—	Cosmopolis.	797
—	Un crime d'amour.	1196
—	Cruelle énigme.	1463
—	La Dame qui a perdu son peintre.	1197
—	Le Démon de Midi.	1376
—	Les Deux sœurs.	1198
—	Les Détours du cœur.	1199
—	Le Disciple.	1203
—	Un Divorce.	1042
—	Un drame dans le monde.	1050
—	Drames de famille.	798
—	La Duchesse bleue.	1204
—	L'Eau profonde.	1205
—	L'Écuyère.	1133
—	L'Émigré.	1051
—	L'Envers du décor.	1207
—	L'Étape.	94
—	Le Fantôme.	1208
—	Un homme d'affaires.	576
—	Une idylle tragique.	1209
—	L'Irréparable.	1210
—	Le Justicier.	1213
—	Laurence Albani.	1214
—	Lazarine.	1215
—	Mensonges.	1216

Bourget (P.).	Monique.	1053
—	Némésis.	1134
—	Pastels.	1135
—	Physiologie de l'amour moderne.	1217
—	Recommencements.	1218
—	Un Saint.	1219
—	Le Sens de la mort.	1220
—	La Terre promise.	1221
—	Voyageuses.	578
Boussenard (L.).	La Terreur en Macédoine.	575
Boutet (F.).	Douze aventures sentimentales.	1057
—	Lucie, Jean et Jo.	1055
—	Par-dessus le mur.	1222
—	Le Reflet de Claude Mercœur.	1223
—	Victor et ses amis.	1504
Bouvier (A.).	Mademoiselle Beaubaiser.	803
Boylesve (R.).	La Becquée.	1065
—	Le Bel avenir.	1068
—	Le Bonheur à cinq sous.	1069
—	Le Carrosse aux deux lézards verts.	1475
—	Le Dangereux jeune homme.	1377
—	Élise.	1070
—	L'Enfant à la balustrade.	1071
—	La Jeune Fille bien élevée.	1074
—	La Leçon d'amour dans un parc.	1075
—	Madeleine jeune femme.	1326
—	Mademoiselle Cloque.	1076
—	La Marchande de petits pains pour les canards.	1077
—	Le Médecin des Dames de Néans.	1078
—	Le Meilleur ami.	1327
—	Mon amour.	1079

Boylesve (R.),	Nymphes dansant avec des satyres.	1080
—	Sainte Marie des Fleurs.	1081
Braddon (Miss M.)	Aurora Floyd.	2
—	L'Intendant Ralph.	5
—	Rupert Godwin.	10
—	Le Triomphe d'Eleanor.	11
Bramson (Karen).	Une femme libre.	1398
Brayer de St-Léon (L.).	Eugenio et Virginia.	580
*Bremer (Mlle Fr.).	Les Voisins.	12
Brieux.	Blanchette (comédie en 3 actes).	573
—	La Robe rouge (pièce en 4 actes).	572
=Brio (C.).	A huis clos.	581
*Brocca (A.).	Perles noires.	2008
Bruno-Ruby, etc.	Madame Cotte, etc.	2161
*Bruyère (A.).	La Dame de la forêt.	1224
*Burnett (F. H.).	Le Petit lord.	19
Butler (S.).	Ainsi va toute chair.	1082
*Butts (M.).	Flore et Blanchefleur.	836
—	Les Infortunes d'Ogier le Danois.	591
—	Roland le vaillant paladin.	592
—	Au temps des chevaliers.	569
Caballero (F.).	Nouvelles andalouses.	238
=Cahn (Th.).	Excelsior.	585
*Calmettes (F.).	Brave Fille.	586
* —	Sœur aînée.	627
Cambry (A.).	Rêve de printemps.	587
Capendu (E.).	Blancs et bleus.	155
—	Le Chat du bord.	156
—	Le Marquis de Loc-Roman.	157
*Carnoy (H.).	Les Légendes de France.	2087
Caro (Mme E.).	Amour de jeune fille.	807
—	L'Idole.	159

*Carraud (Mᵐᵉ Z.).   Maurice ou le travail.   160
*   —   Une servante d'autrefois.   161
 Cassot (C.).   Le Chant de l'alouette.   588
*Castro Osorio(Mᵐᵉ).   Ne désertons pas notre village.   2009
*Cazin (Mᵐᵉ J.).   Perlette.   806
*   —   Le Petit chevrier.   808
*Célarié (H.).   Monique la romanesque.   1136
 Cervantès.   Histoire de Don Quichotte.   593
 Chadourne (J.).   L'Épithalame.   1225
 Chadourne (L.).   L'Inquiète adolescence.   1328
         —   Le Maître du navire.   1329
         —   Terre de Chanaan.   1476
 Chaine (P.).   Les Scrupules de M. Bonneval.   1150
*Chamisso (A. de).   Pierre Schlemihl ou l'homme
                           qui a perdu son ombre.   597
 Champfleury.   La Succession de Camus.   163
         —   Les Bourgeois de Molinchart.   574
 Champol.   Le Mari de Simone.   164
 Champsaur (F.).   L'Empereur des pauvres : Les
                           Crassiers.   1477
         —   L'Empereur des pauvres : Les
                           Flambeaux.   1478
         —   L'Empereur des pauvres : Flo-
                           réal.   1479
         —   L'Empereur des pauvres : Les
                           Millions.   1480
         —   L'Empereur des pauvres : L'O-
                           rage.   1481
         —   L'Empereur des pauvres : Le
                           Pauvre.   1482
 Chantepleure (G.).   La Passagère.   1123
 Charnacé (G. de).   Le baron Vampire.   1206
*Charton (E.).   Histoire de trois pauvres enfants.   809
 Chateaubriand.   Les Martyrs.   167
         —   Les Natchez.   2088

Chaulay (L.).	Le Journal d'un célibataire.	594
*Chaumont (G. de).	La Fauvette de Maître Gélonneur.	810
=Chavette (E.).	La Bande de la belle Alliette.	812
—	Lilie, Tutue, Bebeth.	595
*Chazel (P.).	Le Chalet des sapins.	170
Chénevière (A.).	Le Roman d'un inquiet.	596
Chénevière (J.).	L'Ile déserte.	1173
Chenu (Ch. M.).	Le Bracelet rompu.	1226
=Cherau (G.).	Champi-Tortu.	1399
= —	Le Monstre.	1151
—	L'Oiseau de Proie.	1084
—	La Prison de Verre.	1085
—	Le Remous.	1152
= —	Valentine Pacquault.	1086
Cherbuliez (V.).	La Bête.	172
—	La Ferme du Choquard.	175
—	Une gageure.	1465
—	Olivier Maugant.	598
—	Le Roman d'une honnête femme.	178
—	Le Secret du précepteur.	179
*Cherville (de).	Histoire d'un trop bon chien.	811
* —	Matador.	1237
Chincholle (Ch.).	Le Procès de la marquise.	817
Choppin d'Arnouville.	L'Ombre de Guillemette.	777
Chousy (Didier de).	Ignis.	1310
Claretie (J.).	L'Accusateur.	1400
Cim (A.).	Les Amours d'un provincial.	818
Claretie (J.).	Les Amours d'un interne.	1061
—	Brichanteau célèbre.	1402
—	Brichanteau comédien.	1401
—	La Mansarde.	1506
—	Monsieur le Ministre.	1403

Claretie (J.).	Le Prince Zilah.	1240
Clemenceau (G.).	Aux embuscades de la Vie.	1270
*Colet (Mme).	Enfances célèbres.	813
Collins (W.).	Pauvre Lucile.	247
*Colomb (Mme).	Les Conquêtes d'Hermine.	2010
* —	Danielle.	2011
* —	Denis le Tyran.	2012
—	Deux Mères.	2013
—	Jean l'Innocent.	2014
—	Pour la patrie.	2015
—	Souffre-douleur.	814
—	Le Violoneux de la Sapinière.	2089
Conan Doyle.	Les Aventures de Sherlock-Holmes.	976
—	Le Chien des Baskerville.	320
—	Le Drapeau vert.	321
—	Les Exploits du colonel Gérard.	322
—	Mémoires d'un médecin.	323
—	Nouvelles aventures de Sherlock-Holmes.	975
—	La Résurrection de Sherlock-Holmes.	979
—	Sherlock-Holmes triomphe.	974
—	Souvenirs de Sherlock-Holmes.	980
Conscience (H.).	L'Avare.	20
—	Le Démon de l'argent.	26
—	Les Drames flamands.	28
—	Le Fléau du Village.	29
—	Le Gentilhomme pauvre.	31
—	La Guerre des Paysans.	32
—	Le Guet-apens.	33
—	Les Heures du soir.	34
—	Le Jeune Docteur.	248
—	L'Homme de Flandre.	35
—	La Maison bleue.	36

Conscience (H.).	Le Mal du siècle.	37
—	Les Martyrs de l'honneur.	38
—	La Mère Job.	39
—	L'Oncle et la nièce.	40
—	L'Oncle Reimond.	42
—	Le Paradis des fous.	44
—	Les Pays de l'or.	169
* —	La Pièce de vingt francs.	815
—	Le Remplaçant.	53
—	Le Sang humain.	62
—	Scènes de la vie flamande.	64
—	Les Serfs de Flandre.	66
—	Le Sortilège.	67
—	Souvenirs de jeunesse.	68
—	Le Trésor de Félix Roobeck.	70
—	Le Tribun de Gand.	71
—	Les Veillées flamandes.	72
Coomans.	Jeanne Goetghebuer.	282
*Cooper (F.).	Le Bourreau de Berne.	2090
* —	Le Bravo.	2091
* —	Le Corsaire rouge.	2016
* —	Le Dernier des Mohicans.	2092
* —	L'Espion.	2093
* —	Eve Effingham.	2094
* —	L'Heidenmauer.	2095
* —	Le Lac Ontario.	2096 et 162
* —	Lionel Lincoln.	2097
* —	Les Lions de mer.	2098
* —	Lucie Hardinge.	2099
* —	Le Mercédès de Castille.	2100
* —	Mœurs du jour.	2101
* —	Les Monikins.	2102
* —	Le Pilote.	2103 et 150
* —	Les Pionniers.	2104
* —	Le Porte-chaîne.	2105

*Cooper (F.).   Les Puritains.   2106
*   —   Ravensnest.   2107
*   —   Satanstoë.   2108
*   —   Le Tueur de daims.   2109
*   —   Wyandotté.   2110
=Corday (M.).   L'Amour opprimé.   1227
=   —   Les Embrasés.   823
 Coulevain (P. de).   L'Ile inconnue.   637
     —   Sur la branche.   824
 Courteline (G.).   Le 51e chasseurs.   599
     —   Théâtre.   1087
 Coventry (Fr.).   La Vie et les aventures du petit
                             Pompée.   249
 Crémieux (B.).   Le Premier de la classe.   1483
*Croker (B. M.).   Une diplomate.   816
*Cummins (Miss).   L'Allumeur de réverbères.   601
     —   La Rose du Liban.   602
 Curel (F. de).   Le Sauvetage du grand-duc.   600
 Danie (P.).   Jacques d'Assol.   183
*Danrit (Cap.).   La Bataille de Neufchâteau.   184
     —   Jean Tapin.   2160
 Darien (G.).   Le Voleur.   825
*Dars (M.).   Pervenches.   1242
 Daryl (Ph.).   Signe Meltroë.   197
 Dash (Ctesse).   Le Fruit défendu.   826
 Daudet (A.).   La Belle Nivernaise.   168
     —   Contes du lundi.   198
     —   Enfants et mères.   984
     —   L'Évangéliste.   199 et 2111
     —   La Fédor.   603
     —   Les Femmes d'artistes.   1000
     —   Fromont jeune et Risler aîné.   200
     —   Jack.   604
     —   Lettres de mon moulin.   201
     —   Le Nabab.   830

Daudet (A.).	Numa Roumestan.	2165
—	Le Petit Chose.	212 et 2113
—	La Petite paroisse.	2112
—	Tartarin de Tarascon.	214
—	Tartarin sur les Alpes.	215
Daudet (Mᵐᵉ A.).	L'Enfance d'une Parisienne.	216
Daudet (E.).	Les Coulisses de la société parisienne.	827
Daudet (L.).	Les Primaires.	828
Decaen (A.).	Miss Poker et Consorts.	1484
Delavigne (C.).	Don Juan. Les Enfants d'Édouard, etc.	2018
Delcamp (A.).	Chocho, de l'Académie française.	1303
Delpit (A.).	Solange de Croix-Saint-Luc.	218
—	Toutes les deux.	219
*Demoulin (Mᵐᵉ G.).	Une école où l'on s'amuse.	2019
*Dès (Mᵐᵉ).	Jean et Lucie.	1275
*Desbordes-Valmore.	Contes et scènes de la vie de Famille.	819
Descaves (L.).	L'Imagier d'Épinal.	1330
—	Philémon. Vieux de la vieille.	1404
—	Sous-Offs.	610
Desessarts (A.).	Le Champ de roses.	220
—	La Richesse des pauvres.	221
*Desnoyers (L.).	Les Aventures de Robert-Robert.	820
—	Les Mésaventures de Jean-Paul Choppart.	223
Devoille (A.).	Mémoires d'une mère de famille.	224
Dhanys (M.).	Mésalliance.	837
Dickens.	Aventures de M. Pickwick.	589
—	Bleak house.	74
—	Contes de Noël.	584

Dickens.	Les Contes d'un inconnu.	76
—	Contes pour le jour des Rois.	288
—	David Copperfield.	2114
—	Dombey et fils.	78 et 2115
—	Les Grandes espérances.	83
—	Historiettes et récits du foyer.	86
—	Le Magasin d'antiquités.	89
—	Maison à louer.	97
—	Le Mystère d'Edwin Drood.	109
—	Olivier Twist.	289
—	Paris et Londres en 1793.	110
—	La Petite Dorrit.	2117
—	Les Temps difficiles.	590
—	Vie et aventures de Martin Chuzzlewit.	2020
—	Vie et aventures de Nicolas Nickleby.	252 et 2116
*Dombre (R.).	Les Deux parias.	805
—	Doctoresse.	614
=Donel (L.).	Pilleurs d'amour.	615
Donnay et Des-caves.	Oiseaux de passage.	568
Dostoïevsky.	Le Crime et le châtiment.	611
—	Humiliés et offensés.	115
—	Souvenirs de la Maison des morts.	111
Droz (G.).	Le Cahier bleu de Mlle Cibot.	833
—	L'Enfant.	636
*Druon (H.).	Le Remplaçant.	822
Dubut de Laforest.	Angela Bouchaud.	617
Du Camp (M.).	Les Six aventures.	226
Duhamel (Gr.).	Les Hommes abandonnés.	1453
Dumas (père).	Ange Pitou.	227, 228
—	L'Arabie Heureuse.	229, 230, 231
—	Black.	24

*Dumas (père).	La Bouillie de la comtesse Berthe.	829
—	Un cadet de famille.	612
—	Le Capitaine Aréna.	235
—	Le Capitaine Pamphile.	236
—	Le Comte de Monte-Cristo.	239 à 244
—	Le Corricolo.	245, 246
—	Histoire de mes bêtes.	250
—	L'Horoscope.	251
—	Les Trois mousquetaires.	1228
—	La Tulipe noire.	605
—	Le Vicomte de Bragelonne.	274 à 279
—	Vingt ans après.	1464
Dumas (fils).	Aventures de quatre femmes et d'un perroquet.	464
—	Les Femmes qui tuent et les Femmes qui votent.	840
—	Le Régent Mustel.	606
Dumur (L.).	Un coco de génie.	1505
Duplan (J. L.).	Lettres d'un vieil Américain à un Français.	1153
Duvernois (H.).	Gisèle.	1285
*Edgeworth (Miss).	Contes de l'adolescence.	831
Edmond (Ch.).	La Bûcheronne.	283
Eliot (G.).	Adam Bede.	607
—	Le Moulin sur la Floss.	608
—	Silas Marner.	609
Enault (L.).	Alba.	284
—	Hermine.	285
—	Nadège.	286
Engelhard (M.).	Souvenirs d'Alsace.	1311
*Épagny.	La Fille de l'émigré.	621
*Erckmann (E.).	Alsaciens et Vosgiens d'autre-trefois.	307
*Erckmann-Chatrian.	Alsace.	300

*Erckmann-Cha-trian.	L'Ami Fritz.	299
* —	Avant 89.	3o8
* —	Le Banni.	2o21
* —	Le Blocus.	2o22
* —	Le Brigadier Frédéric.	2o23
* —	Une campagne en Kabylie.	2o34
* —	Confidences d'un joueur de cla-rinette.	287
* —	Contes de la montagne.	3i3
* —	Contes populaires.	2o25
* —	Contes vosgiens.	3i5
* —	Les Deux frères.	100 et 2o26
* —	Le Grand-père Lebigre.	1120
* —	La Guerre.	2o27
* —	Histoire du Plébiscite.	2o28
* —	Histoire d'un conscrit de 1813.	2o29 et 29o
* —	Histoire d'un homme du peu-ple.	2o3o
* —	Histoire d'un paysan.	2o31, 291 à 294
* —	Hugues-le-Loup.	2o32
* —	L'Illustre docteur Mathéus.	297 et 2158
* —	L'Invasion.	2o33
* —	Madame Thérèse.	2o34 et 847
* —	La Maison forestière.	2o35
* —	Maître Daniel Rock.	2o36
* —	Les Rantzau.	3i7
* —	Souvenirs d'un ancien maître de chantier à l'Isthme de Suez.	2o37
* —	Waterloo.	848 et 2o38
Erlande (A.).	Stella-Lucente.	123o
*Erwin (Mme E. d').	Jeunes et vieux.	2o42
Esparbès (G. d').	La Guerre en dentelles.	622

Esparbès (G. d'). Le Tumulte. 613
Fabre (F.). L'Abbé Tigrane. 848
— Julien Savignac. 301
Farmer (J.). César-Napoléon Gaillard à la conquête de l'Amérique. 1174
=Farrère (C.). La Bataille. 2001
= — Les Civilisés. 1154
— Dix-sept histoires de marins. 1186
— Fille d'Ève. 1130
— Fumées d'opium. 481
— L'Homme qui assassina. 1088
= — Mlle Dax, jeune fille. 1137
= — Thomas l'Agnelet. 1138
*Fénelon. Les Aventures de Télémaque. 302, 303
*Ferrand (C.). Fables et légendes du Japon. 2041
Feuillet (O.). Bellah. 304
— Histoire de Sybille. 303
— Julia de Trécœur. 306
* — Vie de polichinelle. 832
Filon (A.). Renégat. 309
=Fischer (M. et A.). L'Amant de la petite Dubois. 1090
— A. Z. 11, poste restante. 1331
— Histoires diverses. 1506
Flammarion (C.). Rêves étoilés. 1286
Flaubert (G.). Bouvard et Pécuchet. 1139
— L'Éducation sentimentale. 1140
= — Madame Bovary. 1155
— Pages choisies. 616
— Salammbô. 1156
— Trois contes. 1157
*Fleuriot (Z.). Alix. 310, 311
* — Une année de la vie d'une femme. 312
* — Le Chemin et le but. 314
* — Un cœur de mère. 1121

*Fleuriot (Z.).	La Glorieuse.	316
* —	L'Héritier de Kerguignon.	834
* —	Notre passé.	319
* —	Plus tard.	835
* —	Les Premières pages.	2039
* —	Rayon de soleil.	2040
*Foë (D. de).	Les Aventures de Robinson Crusoë.	839
Fogazzaro (F.).	Daniel Cortis.	1287
Foleÿ (Ch.).	Bonheur conquis.	328
—	Les Cornalines.	618
—	Jean-des-Brumes.	619
Forest (L.).	On peut prévoir l'avenir. Comment ?	1423
Forge (H. de).	Signé : Durand.	1158
Foubert (A.).	Le 39e d'artillerie.	854
Fouchardière (G. de la).	Le Crime du bouif.	1427
—	L'Homme qui réveille les morts.	1424
—	La Machine à galoper.	2157
—	Monsieur Mézigue.	1425
—	Scipion Pégoulade.	1426
Franay (G.).	Le Château des Airelles.	334
—	Lisbeth.	624
—	Mon chevalier.	331
Franc-Nohain.	Les Avis de l'oncle Bertrand.	1332
France (Anatole).	L'Anneau d'améthyste.	625
—	Balthasar.	1333
—	Les Contes de Jacques Tourne-broche.	1159
—	Crainquebille, Putois, Riquet...	1334
—	Le Crime de Sylvestre Bonnard.	332 et 2043
—	Les Désirs de Jean Servien.	1335
—	Les Dieux ont soif.	1232

France (Anatole).	L'Étui de nacre.	1336
—	Histoire comique.	1337
—	L'Ile des Pingouins.	1338
—	Le Jardin d'Épicure.	1454
—	Jocaste et le chat maigre.	1339
—	Le Livre de mon ami.	1288
—	Le Lys rouge.	1455
—	Le Mannequin d'osier.	1233
—	Monsieur Bergeret à Paris.	1340
—	Les Opinions de M. Jérôme Coignard.	1341
—	L'Orme du mail.	1342
—	Pages choisies.	620
—	Le Petit Pierre.	1456
—	Pierre Nozière.	1343
—	Le Puits de Sainte-Claire.	1344
—	La Révolte des anges.	1457
—	La Rôtisserie de la reine Pédauque.	1289
—	Les Sept femmes de la Barbe-Bleue.	1345
—	Sur la pierre blanche.	1234
—	Thaïs.	1290
France (J.).	Jeunes femmes.	639
Frapié (L.).	La Maternelle.	335
*Fresneau (Mme).	Deux abandonnés.	841
—	Thérèse à Saint-Domingue.	842
Freytag (G.).	Doit et Avoir.	116
Fromentin (E.).	Dominique.	1378
Gaboriau (É.).	Le Crime d'Orcival.	336
Galsworthy (J.).	La Fleur sombre.	1458
Gaskell (Mrs).	Nord et Sud.	640
Gauguin et Morice.	Noa Noa.	1063
Gaulot (P.).	Amours d'autrefois.	858
Gautier (Th.).	Le Capitaine Fracasse.	337, 338

Gautier (Th.).	Le Roman de la momie.	641
Gebhart (E.).	Autour d'une tiare.	860
Geffroy (G.).	L'Apprentie.	643
*Génin.	Un Petit héros.	850
*Genlis (Mme de).	Adèle et Théodore.	340, 341
* —	Les Petits émigrés.	342
*Gérard (J.).	La Chasse aux lions.	632
= —	Le Médecin de Madame.	863
* —	Le Tueur de lions.	852
= Germain (A.).	Les Étoilés.	628
Gerstäcker.	Aventures d'une colonie d'émigrants en Amérique.	644
—	Les Deux convicts.	117
—	Les Pirates du Mississipi.	118
*Gevin Cassal (Mme)	Malvenu.	2044
* —	Pauvre nichée.	843
Giffard (P.).	Le Sieur de Va-Partout.	343
= Gille (P.).	Un amour.	1379
*Girard.	Le Père Tropique.	344
*Girardin (Mme de).	La Croix de Berny.	349
* —	Le Vicomte de Launay.	182
*Girardin (J.).	Les Braves gens.	345
* —	Les Certificats de François.	2045
* —	Fausse route.	2046
* —	Grand-père.	2047
* —	Le Locataire des demoiselles Rocher.	2048
* —	Mauviette.	853
* —	Le Neveu de l'oncle Placide.	2049
* —	La Nièce du capitaine.	2050
* —	Nous autres.	346 et 2121
* —	L'Oncle Placide.	2120
* —	Petits contes alsaciens.	2051
* —	Récits de la vie réelle.	2052
* —	Le Roman d'un cancre.	2053

*Girardin (J.).   Second violon.   2054
*   —   Les Théories du docteur Wurst.   855
*   —   Tom Brown.   2055
*   —   Tom Brown à Oxford.   863
*   —   La Vie de ce monde.   2056
  Giraud (E.).   Les Mariages à la vapeur.   633
  Gobron (G.).   Les Couarrails de Pont-à-Mous-
                         son.   1488
         —   Yan, fils de Maroussia.   1489
  Godard (A.).   Les Huttiers.   634
  Gogol (N.).   Les Ames mortes.   119
         —   Nouvelles choisies.   17
*   —   Tarass Boulba.   120 et 2122
  Goldsmith (O.).   Le Vicaire de Wakefield.   121
  Goncourt (E. de).   Les Frères Zemganno.   1235
=Goncourt (E. et J.
    de).   Germinie Lacerteux.   1236
         —   Renée Mauperin.   1238
  Gonzalès (E.).   La Servante du Diable.   350
  Gorki (M.).   Dans le peuple ; les soldats.   1346
*Gotthelf (J.).   L'Ame et l'argent.   646
*   —   Les Joies et les souffrances d'un
                         maître d'école.   122
*   —   Nouvelles bernoises.   123
  Goubaux (P. P.).   Nouvelles.   351
*Gouraud (Mlle J.).   L'Enfant du guide.   856
*   —   Florence Raymond.   352
  Gourdon (P.).   Qui-Rit le paludier.   1459
  Gozlan (L.).   Les Nuits du Père-Lachaise.   635
  Graffigny (Mme de). Lettere d'una Peruviana.   354
         —   Lettres d'une Péruvienne.   355
*Green (K.).   L'Enfant millionnaire.   857
  Gréville (H.).   Ariadne.   356
         —   Aurette.   867
         —   Un crime.   358

Gréville (H.).	Croquis.	359
—	Dosia.	638
—	Les Épreuves de Raïssa.	1141
—	La Fille de Dosia.	986
—	Les Koumiassine.	361, 362
—	Louis Breuil.	972
—	Les Mariages de Philomène.	364
—	Nouvelles russes.	647
—	La Princesse Oghérof.	367
*Grimm (les Frères).	Contes choisis.	124
*Guéchot (M.).	Théâtre de famille.	648
—	Types populaires créés par les grands écrivains.	859
= Guiard (M.).	L'Évangile de Sa Majesté.	1240
Guillaumin (Em.).	La Vie d'un simple.	649
Guitton (G.).	Ce que seront les hommes de l'an 3.000.	865
*Guy (H.).	Contes héroïques.	2057
Gyp.	L'Age du mufle, etc.	2162
—	Les Amoureux.	868
—	Le Baron Sinaï.	874
—	C'est nous qui sont l'histoire.	871
—	Ces bons Normands.	642
—	Ceux qui s'en f...	1110
—	Le Cricri, etc.	2163
—	Dans l'train.	987
—	En ballade.	872
—	Le Friquet.	645
—	Joies conjugales.	875
—	Joies d'amour.	2123
—	Madame la duchesse.	877
—	Un mariage chic.	879
—	Monsieur de Folleuil.	650
—	O Province!	882
—	Ohé! les dirigeants!	743

Gyp.	Pervenche.	653
—	Sœurette.	884
Habberton (J.).	Récits d'un humoriste.	125
Hackländer.	Boutique et comptoir.	254
—	Le Moment du bonheur.	256
Haggard (Sir Rider).	Elle (She).	1347
Halévy (L.).	Les Petites Cardinal.	1405
*Hameau (L.).	La Pêcheuse de crevettes.	2118
Hamp (P.).	La Peine des hommes.	1348
Hamsun (Knut.).	Victoria.	1291
Haraucourt (Ed.).	Les Oberlé.	2059
—	Seul.	1004
*Harte.	Le Blocus des neiges.	869
*Hauff.	L'Auberge du Spessart.	126
*Haurigot (H.).	La Suite du Petit Chaperon Rouge.	2058
Haussonville (C^{esse} d').	Robert Emmet.	371
Hawthorne (N.).	La Maison aux sept pignons.	127
Heffen (Cl.).	Une fin.	655
Hélys (Marc).	Aimé pour lui-même.	1515
Hémon (L.).	Maria Chapdelaine.	1241
*Henty (G. A.).	Les Jeunes colons.	2060
*Herchenbach.	Silvia.	893
=Hermant (A.).	Confession d'un homme d'aujourd'hui.	895
—	Les Grands bourgeois.	2124
—	Les Transatlantiques.	2125
=Hervieu (P.).	L'Armature.	1183
—	La Course du flambeau.	654
—	Le Dédale.	513
—	Théroigne de Méricourt.	652
Hoche.	Autour d'un million.	656
*Hoffmann.	Contes fantastiques.	651

Hogier-Grison.	Le Monde où l'on flibuste.	657
Hope (A.).	Service de la Reine.	658
Houdin (R.).	L'Art de gagner à tous les jeux.	1010
—	Confidences d'un prestidigitateur (2 vol.).	1006
Houville (G. d').	Tant pis pour toi.	1091
Hue (F.).	Les Contes de la plage.	2061
Hugo (Victor).	L'Ane.	492
—	Bug-Jargal.	489
—	Le Dernier jour d'un condamné.	490
—	Dieu.	499
—	Han d'Islande.	492
—	Histoire d'un crime.	496
—	Les Misérables. 372 à 379, 497,	1247
—	Notre-Dame de Paris.	498
—	La Pitié suprême.	492
—	Religions et religion.	492
—	Ruy Blas.	2017
—	Quatre-vingt-treize.	499
—	Les Travailleurs de la mer.	500
Huguenin (P.).	A l'américaine.	659
Hurcourt (L. d').	Le Sabre d'un notaire.	660
Ibañez (V. Blasco).	Arènes sanglantes.	1349
—	Boues et roseaux.	667
—	Dans l'ombre de la cathédrale.	1182
—	Les Ennemis de la femme.	1460
—	Fleur de mai.	1092
—	La Horde.	1111
—	Les Quatre cavaliers de l'Apocalypse.	665
—	Terres maudites.	
Ibsen (H.).	Un ennemi du peuple.	671
Imann (G.).	Les Nocturnes.	1485
Jacquemin (M.).	Le Gros chat gris.	897

= Jacquin et Cham-
    ply.   Ici l'on danse.   1160
Jaloux (Edm.).   La Fin d'un beau jour.   1350
James.   Léonora d'Orco.   255
Janine.   La Chambre nuptiale.   661
Johnson (Cap. Ch.)   Histoire des pirates anglais.   1093
Jokai.   Le Nouveau seigneur.   257
Joliclerc (E.), etc.   Graine de roi, etc.   2164
Jonchère (E.).   Clovis Bourbon.   382
Joubert (L.).   La Jeunesse du doyen.   383
Jussieu (L. de).   Histoire de Charlotte Champain.   384
    —   Histoire de Cloud Grangambe.   385
*Kadenole (de).   L'Odyssée de Jean Languille.   2062
Karr (A.).   Agathe et Cécile.   662
    —   Clovis Gosselin.   386
    —   La Famille Alain.   387
    —   Histoire de Rose et de J. Du-
                                chemin.   388
    —   Nouvelles Guêpes.   899
    —   Voyage autour de mon jardin.   672
Keyser (E. de).   Le Compagnon de route.   1461
*Kipling (Rudyard)   Les Bâtisseurs de ponts.   1293
    —   Capitaines courageux.   673
    —   Diverses créatures.   1184
    —   L'Homme qui voulut être roi.   1380
    —   Kim.   675
    —   Le Livre de la jungle.   139
    —   La Lumière qui s'éteint.   1292
    —   Sur le mur de la ville.   1382
    —   La Naulahka.   1112
    —   La Plus belle histoire du monde.   1381
    —   Le Retour d'Imray.   1383
    —   Le Second Livre de la jungle.   133
    —   Sous les Déodars.   512
    —   Stalky and C°.   1094

=Kock (P. de).	Un Bon enfant.	2126
= —	L'Homme de la nature et l'homme policé.	2127
Kompert (L.).	Nouvelles juives.	147
*Korolenko.	La Forêt murmure.	866
Kraszewski.	Sur la Sprée.	149
Krüdener (Mme de).	Valérie.	900
La Badine (de).	Sac à juifs.	780
*Laboulaye.	Contes bleus.	870
—	Contes et nouvelles.	873
—	Nouveaux contes bleus.	876
—	Le Prince Caniche.	878
—	Souvenirs d'un voyageur.	389
La Brète (J. de).	Le Comte de Palène.	804
—	L'Imagination fait le reste.	663
* —	Mon oncle et mon curé.	390
Lacour (P.).	Sœurette.	902
Lacroix (Aug.).	La Famille Robert.	664
Ladoucette.	Robert et Léontine.	2128
Ladoué (P.).	La Fontaine au Charme.	1428
Laforgue (Cap. J.).	Œuvres complètes.	903
Lagerlöf (S.).	Le Charretier de la mort.	1161
Lagrange (P.).	Un Drame en forêt.	1351
*La Landelle (G. de).	Aventures de Madurec.	392
* —	Les Enfants de la mer.	393
* —	Les Épaulettes d'amiral.	394
* —	Galères et caravanes.	395
* —	La Meilleure part.	396
* —	Les Nouveaux quarts de nuit.	397
* —	Rouget et Noiraud.	399
* —	Tablettes navales.	400
* —	Thomas Coquille.	401
Lamandé (A.).	Castagnol.	1490
Lamartine.	Graziella.	403
—	Raphaël.	905

Lambert (J.).	Dans les Alpes,	1253
= Lano (P. de).	La Part des sens.	1127
Lapointe (A.).	Les Étoiles filantes.	907
—	Les Mémoires de Valentin.	666
Laprade (J. de).	En France et en Turquie.	405
Larchey (L.).	L'Esprit de tout le monde.	1312
—	— Les Riposteurs.	1313
*Laurie (A.).	Autour d'un lycée japonais.	880
* —	Le Bachelier de Séville.	881
* —	Gérard et Colette.	883
* —	Histoire d'un écolier hanovrien.	885
* —	Mémoires d'un collégien.	886
* —	Mémoires d'un collégien russe.	887
* —	Tito le Florentin.	888
* —	La Vie de collège en Angleterre.	889
*Lavalley (G.).	Les Grands cœurs.	2063
Lavedan (H.).	Leur beau physique.	2000
—	Le Chemin du salut : Irène Olette.	1486
—	Le Chemin du salut : Gaudias.	1487
—	Leur cœur.	1352
—	Lydie.	668
—	Les Marionnettes.	1406
—	Mon filleul.	1175
—	Sire.	908
Leblanc (M.).	Une femme.	669
Leblond (M. A.).	Le Miracle de la race.	1429
Lefebvre (L.).	Le Coup invincible.	910
*Le Gal la Salle.	L'Héritage de J. Farruel.	406, 2119
Le Glay (M.).	Récits marocains de la plaine et des monts.	1470
Le Goffic (Ch.).	L'Erreur de Florence.	670
Legouvé, etc.	Théâtre de campagne. 7e série.	626
Legouvé (Ern.).	Édith de Falsen.	407
Lemonnier (C.).	Happe-Chair.	909

⹀Léon-Martin (L.).	Tuvache ou la tragédie pastorale.	1162
Lepelletier (Edm.).	Madame Sans-Gêne.	1066
—	Les Trahisons de Marie-Louise.	1064
Leroy (Ch.).	Un gendre à l'essai.	911
⹀ —	Les Malheurs du capitaine Lorgnegrut.	674
⹀Le Roy (Eug.).	Jacquou le croquant.	912
Lesage.	Le Diable boiteux.	985
—	Gil Blas de Santillane.	408
Létang (L.).	Jean Misère.	913
Lévy (P.).	La Lie.	914
L'Heureux (M.).	Journal d'une jeune fille d'aujourd'hui.	915
*L'Hopital (J.).	Mon onc' Jean.	916
—	Villevieille.	1507
Lichtenberger (A.).	Biche.	1294
—	Les Centaures.	677
—	Le Cœur est le même.	1113
—	Les Contes de Minnie.	676
—	Juste Lobel, Alsacien.	678
—	Line.	1095
—	Mon petit Trott.	1096
—	La Mort de Corinthe.	679
—	Notre Minnie.	1268
—	Petite madame.	1385
—	La Petite sœur de Trott.	1097
—	Portraits de jeunes filles.	917
—	Rédemption.	968
—	Le Sang nouveau.	1386
—	Scènes en famille.	1430
Lionnet (E.).	Député sortant.	684
Loti (Pierre).	Aziyadé.	1185
—	Les derniers jours de Pékin.	1407
—	Les Désenchantées.	1408

Loti (Pierre).	Fantôme d'Orient.	1409
—	La Galilée.	1387
—	L'Inde.	1421
—	Japoneries d'automne.	1388
—	Jérusalem.	1389
—	Le Livre de la pitié et de la mort.	1390
—	Madame Chrysanthème.	1410
—	Au Maroc.	1422
—	Matelot.	411
—	Mon frère Yves.	410
—	La Mort de Philae.	1411
—	Pêcheur d'Islande.	1412
—	Un pèlerin d'Angkor.	1391
—	Le Roman d'un spahi.	920, 2129
—	La Troisième jeunesse de madame Prune.	1413
Loti et Viaud.	Suprêmes visions d'Orient.	1163
Louis (H.).	Mon foyer.	1353
Lynch (H.).	Très véridique histoire d'une petite fille.	680
*Lytton (Lord).	Glenaveril.	258
*Lytton (Sir Edw. Bulwer).	Le Dernier des barons.	15
—	Les Derniers jours de Pompéi.	629
—	Mon roman.	16
= Mac Orlan (P.).	La Cavalière Elsa.	1491
*Macé (J.).	Contes du Petit-Château.	412
* —	Théâtre du Petit-Château.	890
Madelin (L.).	Croquis lorrains.	1314
Maël (P.).	Femme d'officier.	921
* —	Fleur de France.	681
= Maindron (M.).	Ce bon M. de Véragues, etc.	2161
= —	Blancador l'Avantageux.	922
= —	Le Tournoi de Vauplassans.	1392

*Maisonneuve (M.).   Un original.   2064
 Maizeroy (R.).   L'Adorée.   687
     —   L'Ange.   923
     —   Joujou.   932
 Malléfille (F.).   Le Collier.   347
*Mallès de Beaulieu
     (Mme).   Le Robinson de douze ans.   1229
 Malot (H.).   Conscience.   926
     —   Une belle-mère.   415
     —   Le Docteur Claude.   416, 417
     —   Le Lieutenant Bonnet.   2130
     —   La Petite sœur.   682
     —   Romain Kalbris.   420
*   —   Sans famille.   421, 422
 Manzoni (Alex.).   Les Fiancés.   152
 Maquet (Aug.).   Le Comte de Lavernie.   423, 425
     —   Dettes de cœur.   689
 Marbot (Gén. de).   Mémoires.   1245
*Marcel (É.).   Un conte de fées.   1244
*Maréchal (Mlle M.). La Dette de Ben-Aïssa.   891
*   —   Un mariage à l'étranger.   690
 Margueritte (P.).   L'Autre lumière.   1142
     —   L'Avril.   2159
     —   Ma grande.   1098
     —   Les Pas sur le sable.   683
 Margueritte (P. et
     V.).   Les Braves gens.   431
     —   Le Désastre.   432
     —   Les Deux vies.   1148
     —   Poum.   433
     —   Les Tronçons du glaive.   896
     —   Vers la lumière.   1129
     —   Zette.   685
 Margueritte (V.).   Un Cœur farouche.   143ı
     —   Les Frontières du cœur.   15 ≈

Margueritte (V.).	Le Soleil dans la geôle.	1432
—	La Terre natale.	1509
Marin de Livon-		
nière.	La Dynastie des Fouchard.	430
Marliani (A.).	Arlette marie sa mère.	1433
Marmier (X.).	Les Ames en peine.	435
—	Au bord de la Néva.	436
—	Histoires allemandes et scan-	
	dinaves.	439
—	Nouvelles danoises.	441
—	Nouvelles du Nord.	989
Marmontel.	Bélisaire.	443
Marryat (Cap.).	Japhet à la recherche de son père.	154
Marsh (Mrs).	Le Contrefait.	259
Martel (T.).	Ce que coûtent les rêves.	1492
Martineau des		
Chesnez.	La Marquise Satin-Vert.	444
Mary (J.).	Amour défendu.	937
—	Le Secret de Marie-Rose.	938
Mary-Gill.	Loela.	158
Mary-Lafon (J.-B.).	La Peste de Marseille.	445
Masson (M.).	Contes à lire en famille.	446, 1132
—	Les Lectures en famille.	447
Masson-Forestier.	La Jambe coupée.	448
Mathieu-Pernet.	Victor Blanchet.	449
*Mathis (E.).	Les Héros de l'avenir.	394
=Maupassant (Guy		
de).	Bel-Ami.	1295
= —	Clair de lune.	81
* —	Contes choisis.	686
= —	Fort comme la mort.	1298
= —	L'Héritage.	698
= —	La Maison Tellier.	1296
= —	Miss Harriet, etc.	2161
= —	Pierre et Jean.	1297

=Maupassant (Guy de).	Sur l'eau.	1434
= —	Une vie.	1299
= —	Yvette.	699
*Mayne-Reid (Cap.).	A Fond de cale.	166
* —	Bruin ou les chasseurs d'ours.	357
* —	Le Chasseur de plantes.	165
* —	Les Chasseurs de chevelures.	360
* —	Les Chasseurs de girafes.	173
* —	Le Chef au bracelet d'or.	363
* —	Le Désert d'eau.	365
* —	Le Doigt du Destin.	366
* —	Les Exilés dans la forêt.	368
* —	Les Grimpeurs de rochers.	171
* —	L'Habitation du désert.	174
* —	Les Jeunes esclaves.	369
* —	Les Jeunes voyageurs.	370
* —	Mehalah.	280
* —	Les Partisans.	260
* —	Les Peuples étranges.	176
* —	Les Planteurs de la Jamaïque.	177
* —	La Quarteronne.	112
* —	Les Robinsons de la terre ferme.	381
* —	Le Roi des Séminoles.	398
* —	La Terre de Feu.	402
* —	Les Vacances des jeunes Boers.	404
* —	Les Veillées de chasse.	409
* —	William le mousse.	413
Mendès (C.).	Lesbia.	511
Merejkowsky (Dm.).	Quatorze décembre.	1176
Mérimée (P.).	Chronique du règne de Charles IX.	452
—	Colomba.	453
—	Dernières nouvelles.	942

Mérimée (P.).   Diane de Turgis.   2065
Mérouvel (C.).   Chaste et flétrie.   944
Méry (J.).   Héva.   455
Mestral-Combre-
  mont.   Le Fantôme du bonheur.   821
Meunier (E.).   Esquisses provinciales.   701
*Meyer (H.).   Le Mousse de Portjiou.   2066
Michaud d'Hu-
  miao.   Les Grandes légendes de l'Hu-
                         manité.   688
Michelet (Mme J.).   Quand j'étais petite.   691
= Mie d'Aghonne.   La Reine des batailles.   702
=   —   Le Vampire aux yeux bleus.   703
Mille (P.).   L'Ange du bizarre.   1177
  —   Mémoires d'un dada beso-
                         gneux.   1099
Miral (L.).   Le Chemin d'une passion.   945
Mirbeau (O.).   Les Affaires sont les affaires.   693
  —   La Pipe de cidre.   1354
Mistral (F.).   Mémoires et récits.   1414, 1100
Moléri.   Clément Toussaint.   456
*Molesworth (Mrs).   Les Aventures de monsieur
                         Baby.   898
*Monniot (Mlle).   Raphaëla de Mérans.   458
Monteil (E.).   La Bande des copurchics.   706
Montépin (X. de).   Le Médecin des pauvres.   947
Morphy et France.   Cruel amour.   948
Moselly (E.).   Les Étudiants.   1358
  —   Fils de guéux.   1355
  —   Les Grenouilles dans la mare.   1357
  —   Jean des Brebis.   1393
  —   Joson Meunier.   1356
= Muhlfeld (L.).   La Carrière d'André Tourette.   1259
*Muller (E.).   La Boutique du marchand de
                         nouveautés.   901

*Muller (R.).	La Cassette du meunier.	707
Murger (H.).	Le Roman de toutes les femmes.	708
Murray (E. C. G.).	Le Jeune Brown.	253
Musset.	Lorenzaccio.	695
—	Morceaux choisis.	694
—	Nouvelles.	1266
Nadar.	La Robe de Déjanire.	950
Nibor (Y.).	Nos matelots.	951
Nion (F. de), etc.	L'Agonie de l'aigle, etc.	2164
*Nodier (Ch.).	Contes.	696
* —	Contes de la veillée.	460
* —	Trésor des Fèves et Fleur des Pois.	904
Noël (Eug.).	Mémoires d'un imbécile.	697
Nolly (E.).	Le Chemin de la victoire.	1415
—	Hiên le Maboul.	1394
Noussanne (H. de).	Un foyer, un pays, un ciel.	1462
Ohnet (G.).	La Comtesse Sarah.	1300
—	La Dame en gris.	956
—	Le Droit de l'enfant.	1272
—	Le Maître de forges.	1301
—	Les Vieilles rancunes.	963
Olivier (U.).	L'Hiver.	467
—	La Servante du docteur.	1262
O'Monroy (R.).	Les Petites Manchaballe.	946
Opie (Mme).	Le Père et la fille.	261
Ors (Abel d').	La Femme aux nymphéas.	838
Ory (St.).	Jeanne de Bellamare.	2131
Ouida.	Amitié.	864
—	Le Chemin de la gloire.	180
—	Wanda.	181
*Ourliac (Edm.).	Le Prince Coqueluche.	906
	çais.	2132
Paul-Dumas.	Le Joueur.	844
—	Paul Ferrol.	281

Pelletan (E.).   Jarousseau.   469
*   —   Le Père La Pensée.   1258
Perez Galdos.   Dona Perfecta.   262
Pérochon (E.).   Le Chemin de plaine.   1143
        —   Les Creux-de-Maisons.   1144
        —   Nêne.   1302
*Perrault.   Contes.   918
        —   Histoires ou contes du temps
                          passé.   2068
*Perronnet.   Les Fées de la maison.   2067
Perrout (R.).   Goëry Coquart.   1416
        —   Marius Pilgrin.   1417
Pert (C.).   Mariage rêvé.   1028
Peyrebrune (de).   Une expérience.   718
*   —   Jean Bernard.   470
Piéchaud (M.).   La Dernière auberge.   1435
        —   Le Retour dans la nuit.   1436
Pigault-Lebrun.   Monsieur Sans-Souci.   720
*Pizzetta.   Les Loisirs d'un campagnard.   924
Plessis (Fr.).   Le Mariage de Léonie.   700
Poë (Ed.).   Histoires extraordinaires.   704
        —   Histoires grotesques et sé-
                          rieuses.   705
        —   Nouvelles histoires extraordi-
                          naires.   263
Poilay (M.).   Souvenirs d'un engagé volon-
                          taire (1870).   964
Pommerol (J.).   Les Six filles de Frau Soferl.   965
Ponson du Terrail.   L'Orgue de Barbarie.   999
Pont-Jest (R.).   Un drame en Russie.   722
        —   Le Fleuve des Perles.   966
        —   Le Roman d'une diva.   723
Pontmartin (De).   Contes et nouvelles.   724
        —   La Fin du procès.   471
        —   Mémoires d'un notaire.   472

=Pontsevrez. Tête rousse. 726
Poradowska (M.), etc., etc. Hors du foyer, etc. 2161
Pouchkine (A.). Poèmes dramatiques. 1419
*Pouschkine. La Fille du capitaine. 2133 et 925
Pouvillon (E.). Césette. 709
— L'Innocent. 473
— Jean-de-Jeanne. 474
— Petites gens. 710
Pouvourville (A. de). L'Homme qui a mis les Boches dedans. 1114
Praviel (A.). L'Assassinat de M. Fualdès. 1437
Pravieux (J.). Leur oncle. 1438
Pressensé (Mme de). La Maison blanche. 475
Prévost (Abbé). La Colonie rocheloise. 476
Prévost (M.). L'Accordeur aveugle. 711
— Le Jardin secret. 969
— Lettres à Françoise. 1359
— Lettres à Françoise mariée. 1360
— Lettres à Françoise maman. 1361
— Trois nouvelles. 729
— Les Vierges fortes. Frédérique. 730
— Les Vierges fortes. Léa. 339
Professeur (Un). Contes d'Alsace sur les âges de la pierre et du bronze. 1468
Quatrelles. Double face. Folie. 970
Querlon (de). Les Joues d'Hélène. 732
=Rabelais. Œuvres. 477
Rabusson (H.). M. Cotillon. 478
— Le Stage d'Adhémar. 480
— Vaine rencontre. 734
Rageot (G.). Un grand homme. 990
Rameau (J.). La Demoiselle à l'ombrelle mauve. 973

Raulin (de).	Plat du jour.	534
Renan (E.).	Souvenirs d'enfance et de jeunesse.	1420
Renard (J.).	Nos frères farouches.	1178
—	Poil de carotte.	977
—	— (comédie).	712
Renard (M.).	L'Homme truqué.	1164
Renaut (É.).	La Perle creuse.	738
*Renneville (Mme de).	Beautés de l'histoire du jeune âge.	1239
Revillon (T.).	Le Faubourg Saint-Antoine.	713
—	Noémi.	978
Reybaud (Mme Ch.).	Le Cabaret de Gaubert.	482
—	Sydonie.	483
Reybaud (L.).	Jérôme Paturot à la recherche d'une position sociale.	485
—	Jérôme Paturot à la recherche de la meilleure des républiques.	484
*Richard (A.).	Histoire d'une famille d'ouvriers.	2069
Richepin (J.).	Le Chemineau.	2070
—	Le Flibustier.	714
Rivière (H.).	Les Fatalités.	486
—	Madame Naper.	487
*Robert (Cl.).	Sœur Marthe.	1276
Robert (L. de).	Le Roman d'une comédienne.	1115
—	Le Roman du malade.	1439
Robida (A.).	Le Mystère de la rue Carême-Prenant.	715
—	Le Vingtième siècle.	742
Rochefort (H.).	Les Signes du temps.	981
Rockingham.	Les Surprises d'un célibataire.	982
Rod (Éd.).	L'Incendie.	716
—	L'Innocente.	744

Rod (Éd.).	La Seconde vie de Michel Teissier.	1101
—	La Vie privée de Michel Teissier.	892
Rodenbach (G.).	L'Art en exil.	983
Rolland (R.).	Jean Christophe à Paris : dans la maison.	380
Rondelet (A.).	Mémoires d'Antoine.	491
*Rosnoblet-Schutzenberger (H.).	Autour du poêle.	1510
—	Gens d'Alsace.	1493
Rosny aîné (J. H.).	La Guerre du feu.	1102, 1303
Rosny (J. H.).	Le Chemin d'amour.	1440
—	Le Docteur Harambur.	1145
—	Le Félin géant.	1441
Rostand (Edm.).	L'Aiglon.	1362
—	Cyrano de Bergerac.	717
=Rousseau (J. J.).	Les Confessions.	988
*Rousselet (L.).	Le Fils du Connétable.	2071
Roy Norton.	Les Flottes évanouies.	952
Ruffini (J.).	Le Docteur Antonio.	186
—	Lavinia.	187
=Saint-Cyr (Ch. de).	Jean Picquet, homme de sport.	1363
*Saint-Germain (de).	Lady Clare.	861
*Saintine (X. B.).	Le Chemin des écoliers.	493
—	Picciola.	494
* —	Un Rossignol pris au trébuchet.	927
—	Seul.	495
Saint-Maurice (R.).	La Maison du sommeil.	747
Saint-Simonin.	Propos de Félix Faure.	996
Sales (P.).	La Fille de Don Juan.	1512
—	Les Madeleines.	1172
—	Sa femme.	1522
Salgari.	Les Robinsons italiens.	991

= Salmon (A.).	L'Entrepreneur d'illuminations.	1179
Sand (George).	Le Diable aux champs.	721
—	Elle et Lui.	1243
—	Flavie.	725
—	François le Champi.	1304
* —	Histoire du véritable Gribouille.	928
—	L'Homme de neige.	502-4
—	Jean de la Roche.	727
—	Mademoiselle de la Quintinie.	728
—	Les Maîtres sonneurs.	1395
—	Le Marquis de Villemer.	1519
—	Mauprat.	1418
—	Pages choisies.	719
—	Le Péché de monsieur Antoine.	508 et 509
—	La Petite Fadette.	510
Sandeau (J.).	Le Docteur Herbeau.	731
—	Mademoiselle de la Seiglière.	733
—	La Maison de Penarvan.	514
—	Nouvelles.	515
* —	La Roche aux mouettes.	516
—	Sacs et parchemins.	517
Sans Refus (G.).	Fleur d'ajonc.	992
Sardou (V.).	La Famille Benoiton.	735
—	Patrie.	736
*Sargent (G.).	Annales d'un vieux manoir.	1263
*Saunders (Miss L.).	Le Prince Amurah.	1254
= Scarron.	Le Roman comique.	1251
Scheffer (H.).	Les Chardons.	531
*Schmid (Chr.).	Agnès.	264
* —	La Bague trouvée.	265
* —	Geneviève.	267
* —	La Guirlande de houblon.	266
* —	Recueil de nouvelles.	188
Scholl (A.).	Mémoires du trottoir.	993

*Schultz (J.).	La Main de sainte Modestine.	1125
* —	La Neuvaine de Colette.	518
Schwab (R.).	Regarde de tous tes yeux.	994
*Scott (W.).	L'Abbé.	2135
* —	L'Antiquaire.	2136
* —	Aventures de Nigel.	2137
* —	Charles le Téméraire.	2138
* —	Le Château dangereux.	2139
* —	Les Chroniques de la Canongate.	2140
* —	Les Eaux de Saint-Ronan.	2141
* —	La Fiancée de Lammermoor.	2142
* —	Les Fiancés.	189
* —	Guy Mannering.	2143
* —	Ivanhoé.	2144
* —	Kenilworth.	2145
* —	Marmion ; la Dame du lac.	2075
* —	Le Monastère.	2146
* —	Peveril du Pic.	2147
* —	La Prison.	2148
* —	La Prison d'Édimbourg.	2149
* —	Quentin Durward.	190
* —	Redgauntlet.	2150
* —	Richard en Palestine.	2151
* —	Rob Roy.	2152
* —	Romans poétiques.	2153
* —	Le Vieillard des tombeaux.	2154
* —	Waverley.	191 et 2155
* —	Woodstock.	2156
*Ségur (Ctesse de).	L'Auberge de l'Ange-Gardien.	929
* —	Les Bons enfants.	930
* —	Le Général Dourakine.	931
* —	Les Malheurs de Sophie.	933
* —	Le Mauvais génie.	934
* —	Mémoires d'un âne.	519
=Ségur (N.).	Une Ile d'amour.	1180

*Sémant (P. de).	Deux enfants sous la Révolution.	2072
Seylor (O.).	Les Maritimes.	995
Schaw (B.).	Cashel Byron, gentleman et boxeur.	1442
Sienkiewicz.	Bartek vainqueur.	298
—	Le Déluge.	1364
—	Par le fer et par le feu.	737
Simon (J.), etc.	Faisons la chaîne.	1231
—	La Peine de mort.	520
*Simon (Ch.).	L'Allumeur de réverbères.	2073
*Sissoieff (Mme C.).	L'Enfance de Katia.	2074
*Sorel (A. E.).	Mea Culpa.	1165
*Soudan (J.).	Les Millions de Barnum.	935
Souvestre (Em.).	Au bord du lac.	739
—	Chroniques de la mer.	740
—	Les Clairières.	521
—	Au Coin du feu.	522
—	Confessions d'un ouvrier.	523
—	Contes et nouvelles.	1249
—	Dans la prairie.	630
—	Les Derniers Bretons.	524, 525
—	Les Derniers paysans.	631
—	Le Mât de cocagne.	745
—	Les Péchés de jeunesse.	751
—	Pendant la moisson.	527
—	Un philosophe sous les toits.	528
—	Récits et souvenirs.	746
—	Scènes de la vie intime.	748
—	Scènes et récits des Alpes.	1248
—	Les Soirées de Meudon.	529
—	Sous la tonnelle.	530
—	Souvenirs d'un vieillard.	532
—	Sur la pelouse.	749
Spitteler (C.).	Imago.	1117

Spitteler (C.).	Mes premiers souvenirs.	1116
Spoll (E. A.).	Le Pré aux Clercs.	997
Staël (Mme de).	Corinne ou de l'Italie (t. I).	998
*Stahl (P. J.).	Histoire d'un âne.	936
* —	Les Histoires de mon parrain.	940
* —	Jack et Jane.	941
* —	Le Nouveau Robinson suisse.	949
* —	Les Patins d'argent.	939
* —	Les Quatre filles du Dr Marsch.	192
* —	Les Quatre peurs de notre général.	943
Stauben (D.).	Scènes de la vie juive en Alsace.	1269
Stevenson (R. L.).	Catriona.	296
—	Enlevé.	750
—	Les Hommes joyeux.	1443
—	L'Ile au trésor.	193
—	Les Mésaventures de John Nicholson.	1166
—	Nouvelles Mille et une Nuits.	194
—	Les Nuits des Iles.	1103
—	Saint-Yves.	754
*Stolz (Mme de).	La Maison roulante.	953
*Stowe (Mrs Beecher).	La Case de l'Oncle Tom.	755
—	Nouvelles américaines.	756
Strindberg (A.).	Le Fils de la servante.	1181
Swift.	Les Voyages de Gulliver.	757
Taraine (D.).	Une attaque d'apoplexie.	752
*Tarsot (L.).	Le Soldat français.	2076
Terson (J.).	Les Derniers Numides.	535
Thackeray.	La Foire aux vanités.	761
—	Mémoires de Barry Lindon.	268
Tharaud (J. et J.).	La Bataille à Scutari d'Albanie.	1187
—	Dingley, l'illustre écrivain.	1167

Tharaud (J. et J.).	La Maîtresse servante.	1365
—	Marrakech.	1396
—	L'Ombre de la Croix.	1444
—	Quand Israël est roi.	1147
—	Rabat ou les Heures maro-caines.	1146
—	Un royaume de Dieu.	1305
Theuriet (A.).	L'Affaire Froideville.	1030 et 2161
—	L'Amoureux de la préfète.	1032
—	Bigarreau.	536
—	Boisfleury.	537
—	La Chanoinesse.	1025
—	Claudette.	1027
—	Contes de la forêt.	1026
—	Contes de la primevère.	1024
—	Deux sœurs.	1022
—	Les Enchantements de la forêt.	2077
—	Fleur de Nice.	1062
—	Le Journal de Tristan.	1028
—	La Maison des deux Barbeaux.	763
—	Le Mari de Jacqueline.	1011
—	Les Mauvais ménages.	1466
—	Michel Verneuil.	1009
—	Nos enfants. Jeunes et vieilles barbes.	1126
—	L'Oncle Scipion.	1008
—	Au Paradis des enfants.	1007
—	Péché mortel.	1005
—	Reine des bois.	1001
—	Sauvageonne.	1501
—	Sous bois.	545
—	Souvenirs des vertes saisons.	759
—	Tante Aurélie.	1002
—	Toute seule.	1124
—	Villa tranquille.	753

Theuriet (A.).	La Timide Lucy.	1058
Thierry (Aug.).	La Savelli.	98
Tinayre (M.).	Hellé.	1034
—	Les Lampes voilées.	1211
—	Notes d'une voyageuse en Turquie.	1038
—	La Rançon.	1041
Tinseau (L. de).	Les Étourderies de la chanoinesse.	1043
—	Mensonge blanc.	391
—	Plus fort que la haine.	1274
*Töpffer (R.).	Nouvelles genevoises.	1044
* —	Premiers voyages en zigzag.	955
—	Le Presbytère.	203
—	Rosa et Gertrude.	204
Tolstoï (Cte L.).	Anna Karénine.	195
—	Les Cosaques.	326
—	L'Enfance.	539
—	Les Fruits de la science.	327
—	La Guerre et la paix.	196
—	Ivan l'Imbécile.	330
—	La Jeunesse.	540
—	Le Journal d'un marqueur.	541
—	Katia.	325
—	La Mort.	202
—	Pages choisies.	324
* —	Pour les enfants.	957
—	Premiers souvenirs.	348
—	Résurrection.	1131
—	Sébastopol.	42
—	Souvenirs.	353
—	Trois chefs-d'œuvre du théâtre russe.	764
Toudouze (G.).	Fleur d'oranger.	758
—	Reine en sabots.	623

Tourguenieff.	Mémoires d'un seigneur russe.	205
—	Œuvres dernières.	765
—	Pages choisies.	1502
Tournassus (J.).	Le Sablier de cristal.	1445
Trarieux.	Savonarole.	767
Townsend (V.).	Madeline.	269
Trotignon.	Simone la Romanesque.	1045
Truc (G.).	Tibériade.	1446
Twain (M.).	Le Legs de 30.000 dollars.	1366
Uchard (M.).	Antoinette ma cousine.	1046
—	Mon oncle Barbassou.	760
—	Papa Fortin.	1047
*Ulliac-Trémadeure (Mlle).	Claude.	954
—	Secrets du foyer domestique.	549
Urbanowska (S.).	La Princesse.	768
Vadier, etc.	Théâtre à la maison.	1189
*Valcler (J.).	Ma petite Jeannette.	2078
Valdès (A.).	Lélia Montaldi.	762
Vallotton (B.).	A tâtons.	1306
—	Achille et Cie.	1495
—	Ceux de Barivier.	1367
—	On changerait plutôt le cœur de place.	1368
—	Portes entr'ouvertes.	1369
Vandérem (F.).	Les Deux rives.	1048
Van Lennep (J.).	Aventure de Ferdinand Huyck.	206
Variot (J.).	L'Effigie de César.	1168
—	Les Hasards de la guerre.	1447
—	Le Sang des autres.	1448
Vattemare.	Le Doigt du destin.	552
Vautier (G.).	Le Pays du merle blanc.	553
*Verne (J.).	Aventures de trois Russes et de trois Anglais.	418
* —	Les Aventures du capit. Hatteras.	414

*Verne (J.).	Autour de la lune.	426
* —	Un billet de loterie.	419
* —	César Cascabel.	427
* —	Les Cinq cents millions de la Begum.	1520
* —	Cinq semaines en ballon.	1521
* —	Deux ans de vacances.	428
* —	L'École des Robinsons.	426
* —	Les Enfants du capitaine Grant.	434
* —	L'Épave du Cynthia.	437
* —	L'Étoile du Sud.	438
* —	Hector Servadac.	2079
* —	Un Hivernage dans les glaces.	440
* —	L'Ile mystérieuse.	442
* —	Les Indes Noires.	451
* —	La Jangada.	451
* —	La Maison à vapeur.	454
* —	Michel Strogoff.	457
* —	Mistress Branican.	459
* —	Nord contre Sud.	461
* —	Le Pilote du Danube.	1494
* —	Le Rayon vert.	462
* —	Robur le conquérant.	463
* —	Sens dessus dessous.	2080
* —	De la terre à la lune.	466 et 2081
* —	Les Tribulations d'un Chinois en Chine.	468
* —	Vingt mille lieues sous les mers.	479
* —	Voyage au centre de la terre.	488
Véron (P.).	Allons-y gaiement.	1049
Vial (C.).	Histoires courtes.	526
Vigné d'Octon.	Les Angoisses du Dr Combalas.	845
—	Le Roman d'un timide.	846
Vignon.	Scènes de la vie réelle.	533
Vigny (A. de).	Cinq-Mars.	769

Vigny (A. de).	Servitude et grandeur militaires.	554
Villetard (P.).	Monsieur Bille dans la tourmente.	1449
Villiers de l'Isle-Adam.	Nouveaux contes cruels.	1067
Vogüé (Mⁱˢ de).	Le Maître de la mer.	1397
—	Les Morts qui parlent.	1307
Voisins (G. de).	La Conscience dans le mal.	1496
Voltaire.	Candide.	1072
—	Romans et Contes.	1252
Wells (H. G.).	La Guerre dans les airs.	1118
—	La Guerre des mondes.	1370
—	Une Histoire des temps à venir.	1015
—	L'Homme invisible.	207
—	La Machine à explorer le temps.	770
—	La Merveilleuse visite.	1083
—	Place aux géants.	1119
—	Les Premiers hommes dans la lune.	1089
—	Quand le dormeur s'éveillera.	1371
Welschinger (H.).	Douze contes alsaciens.	1497
Wetherell.	Le Monde, le vaste monde.	208
Weyman (St.).	La Maison du loup.	772
Wharton (E.).	Au temps de l'innocence.	1511
White (St. Edw.).	Terres de silence.	1498
Whitlock (Brand).	Un Américain d'aujourd'hui.	1315
Whyte-Melville.	Katerfelto.	270
Wilde (O.).	Le Crime de lord Arthur Saville.	1212
*Winter.	Ce Lutin! Petite Folle!	958
*Wiseman (Cardinal).	Fabiola.	209
*Witt (Mᵐᵉ de).	Histoire de deux petits frères.	960
—	Légendes et récits pour la jeunesse.	2082

*Witt (Mme de).	Vieux contes de la veillée.	959
Wogan (de).	Le Pirate malais.	775
*Woillez (Mme).	Les Jeunes ouvrières.	557
* —	Les Veillées de l'ouvroir.	558
X...	Auteurs gais contemporains.	1104
—	Comédies Diverses : Bibliothèque des Poilus.	1471
—	Les Conteurs russes.	211
—	Le Crime de Jasper.	1073
—	L'Héritier de Redclyffe.	213
* —	Histoire de Fortunatus.	329
—	Histoire de Djouder le pêcheur ; conte arabe.	217
—	Kenneth ou l'arrière-garde de la Grande Armée.	222
—	Mariés ?	1059
—	Marthe Blondel.	185
—	Les Mille et Une Nuits.	692
* —	Nouveaux contes bleus.	1246
—	Nouvelle et vieille histoire.	741
—	Nouvelles chinoises.	225
—	Œuvres Libres. Trois volumes.	1200 à 1202
—	Paris-Londres. Keepsake français.	
* —	Le Petit duc.	919
—	Quarante nouvelles.	2134
—	Les Quatre fils Aymon.	560 et 2002
—	Sophie-Adélaïde.	774
—	Théâtre (Mélanges).	1188, 1189, 1190
Zaccone (P.).	La Duchesse d'Alvarès.	1052
= Zola (E.).	L'Argent.	1170
= —	Au Bonheur des Dames.	778
= —	La Conquête de Plassans.	766
= —	La Curée.	1171
—	La Débâcle.	1003

Zola (E.).	La Faute de l'abbé Mouret.	1056
= —	La Fortune des Rougon.	1513
= —	Germinal.	1054
= —	La Joie de vivre.	1514
= —	Nana.	1265
= —	L'Œuvre.	1499
—	Une Page d'amour.	1516
—	Pages choisies.	776
= —	Pot-Bouille.	1517
= —	Son Excellence Eugène Rougon.	1518
= —	Le Ventre de Paris.	771
—	Vérité.	781
Zschokke (H.).	Addrich des mousses.	271
—	Le Château d'Aarau.	272
—	Contes suisses.	210

La Bibliothèque possède en entier les *Lectures pour Tous*, *La Science et la Vie*, et une grande partie des collections suivantes : *Revue des Deux Mondes*, *Je sais Tout*, *Le Tour du Monde*, *Le Journal de la Jeunesse*, *Le Magasin pittoresque*, *Le Musée des Familles*, la *Revue hebdomadaire*; *La Montagne* (Annuaire du T. C. F.).

GUERRE 1914-1918

Série G

Abram (P.). Lettres pour le filleul de l'arrière. G 6
Allier (R.). Les Allemands à Saint-Dié. G 92
Arthur (Sir G.). Kitchener et la guerre. G 136
Bailly (A.). Père et fils. G 103
Barbusse (H.). Le Feu. G 73
Barby (H.). L'Épopée serbe. G 7
Barrès (M.). Une visite à l'armée anglaise. G 8
Baud-Bovy. L'Évasion. G 9
Beauguitte (E.). Vauquois. G 171
Benjamin (R.). Les Rapatriés. G 10 et 104
Belmont (Cap.). Lettres d'un officier de chasseurs alpins. G 85
Berlet (C.). Réméréville (1914). G 93
Bertrand (A.). La Victoire de Lorraine. G 11
Bizet (R.). Le Général Joffre. G 155
Blücher (P^{esse}). Notes intimes. G 138
Bocquet (L.). Courages Français. G 142
Bonnefon (P.). Le premier « as » : Pégoud. G 12
Bouchor (M.). La Soupe. La Montagne et la vallée. G 105
Bourcier (E.). Le Bombardier Camus. G 106
— Dans l'Amérique en guerre. G 107
Breton (J.). Noël de soldats. G 109

Buxtorf (A.).   En Italie avec la 24ᵉ D. I.
                        française.   G 172
Campbell (G.).   De Verdun aux Vosges.   G   94
Chaine (P.).   Les Commentaires de Ferdi-
                        nand.   G   86
—   Les Mémoires d'un rat.   G   95
Choppin (Cap. H.).   Patrie et guerre.   G   16
Christian-Frogé.   Les Captifs.   G   17
—   Morhange et les marsouins en
                        Lorraine.   G   18
Cladel (J.).   Le Général Gallieni.   G   19
Claretie (L.).   Nos frères roumains.   G 108
Clermont (Mᵐᵉ).   Souvenirs de Parisiennes en
                        guerre.   G   20
Colin (E.).   Saint-Dié sous la botte.   G   21
Corpechot (L.).   Lettres sur la jeune Italie.   G 110
Crouvezier (G.).   L'Aviation pendant la guerre.   G 156
Dampierre (J. de).   L'Allemagne et le droit des
                        gens.   G   22
—   Carnets de route de combat-
                        tants allemands.   G   23
Delvert (Cap.).   Histoire d'une compagnie.   G   24
—   Quelques héros.   G   25
Deriès (L.).   La Terre qui ne meurt pas.   G 111
Descaves (L.).   Dans Paris bombardé.   G 112
Dieterlen (J.).   Le Bois Le Prêtre.   G   74
Dollé (A.).   La Cote 304.   G   26
—   Pages de gloire, d'amour et
                        de mort.   G 157
Dorgelès (R.).   Les Croix de bois.   G   75
Drouilly.   Chefs-d'œuvre de la propa-
                        gande allemande.   G   40
Dubrulle (P.).   Mon régiment à Verdun et
                        dans la Somme.   G 143
Ducornez (A.).   Les Derniers jours de Longwy.   G 140

Duhamel (G.).	Civilisation.	G 101
Dunan (M.).	L'Autriche.	G 144
Erzberger.	Souvenirs de guerre.	G 137
Fallet (C.).	Notes d'une internée française en Allemagne.	G 27
Farrère (C.).	Quatorze histoires de soldats.	G 87
Fleury-Lamure.	Charleroi.	G 28
Florent-Matter.	Les Alsaciens-Lorrains contre l'Allemagne.	G 158
Foley (Ch.).	1914-1915.	G 29
Fonck (R.).	Mes combats.	G 145
Fonsagrive (Lieut.).	En batterie.	G 96
Fontaine (A.).	Mon filleul.	G 113
Froelich (J.).	Le Délire pangermanique.	G 30
—	L'Esprit alsacien.	G 32
—	Der Hans im Schnookeloch.	G 34
—	Jean du Trou-aux-Cousins.	G 31
—	Le Pangermaniste en Alsace.	G 35
—	Was ich unsere Elsässer Poilus verzehlt hab.	G 33
Gabé de Champvert.	Six mois en Lorraine.	G 173
Gaillet (L.).	Deux ans avec les Sénégalais.	G 114
Galtier-Boissière.	En rase campagne.	G 36
Geis (A.).	D'r Gendarm Schneidig (dial.).	G 37
—	Le Gendarme Schneidig (trad.).	G 38
Génevoix (M.).	Sous Verdun.	G 76
—	Au seuil des guitounes.	G 98
—	Nuits de guerre.	G 97
Genty (R.).	La Flamme victorieuse.	G 39
Gerlache (A. de).	La Belgique pendant la guerre.	G 162
Gheusi (P. B.).	Guerre et théâtre.	G 41
Gilliard (P.).	Tragique destin de Nicolas II.	G 139
Giraud (P.).	Causes de la guerre.	G 42

Giraud (V.).	Histoire de la Grande Guerre.	G 181
Gomez Carrillo.	Au Cœur de la tragédie.	G 14
—	Parmi les ruines.	G 15
—	Le Sourire sous la mitraille.	G 13
Grasset (Ct. A.)	Le Maréchal Foch.	G 43
—	Vingt jours de guerre.	G 44
Halévy (D.).	Avec les boys américains.	G 115
Hartoy (M. d').	P. G.	G 146
Herscher (Lieut. E.).	Quelques images de la guerre.	G 45
Hinzelin (E.).	Français de la Moselle, des Vosges et du Rhin.	G 116
Houllevigue (L.).	Les Présents de l'Alsace-Lorraine.	G 117
Jean-Bernard.	Histoire de la Guerre de 1914.	G 83
Jubert (R.).	Verdun.	G 82
Karabtchewsky.	Les Prisonniers civils en Allemagne.	G 46
Kautsky (K.).	Comment s'est déclenchée la guerre.	G 104
Kipling (R.).	La France en guerre.	G 47
Labbé (P.).	Histoire d'un jeune Serbe.	G 118
Lafont (B.)	Au ciel de Verdun.	G 48
Lanery d'Arc.	Jeanne d'Arc et la guerre de 1914.	G 49
Langenhagen.	Un Soldat de France.	G 50
Langlois (G.).	Anecdotes pathétiques et plaisantes.	G 170
Lavergne (A.).	Six petits contes.	G 119
Lefebvre-Dibon.	Quatre pages du 3e bataillon du 74e R. I.	G 174
Leleux (Ch.).	Feuilles de route d'un ambulancier.	G 51
Le Mouël (E.).	Un de nos marins.	G 120
Libermann (H.).	Face aux Bulgares.	G 52

Lichtenberger (A.). La France au Maroc. G 121
Lintier (P.). Avec une Batterie de 75. Ma pièce. G 88
— Avec une Batterie de 75. Le Tube 1233. G 89
Lobry (A.). Henri Brémant. G 163
Louis-Jaray (G.). La Grande pitié de la terre de France. G 182
Loyson (P. H.). Êtes-vous neutres devant le crime ? G 53
Madelin (L.). La Bataille de France. G 183
Maire (J.). Journal d'un maire du front (Hénaménil). G 90
Mangin (Gén.). Comment finit la guerre. G 147
Margueritte (V.). Au bord du gouffre. G 78
Martin (Abbé). Fillières. G 54
Massart (J.). La Presse clandestine en Belgique occupée. G 164
Masson (P. M.). Lettres de guerre. G 77
Maynial (E.). L'Orphelin. G 122
Mazenod (Cap. de). Dans les champs de Meuse. G 150
Mercier (R.). Nancy bombardée. G 55
— Nancy sauvée. G 56
Merlant (Cap. J.). Souvenirs des premiers temps de guerre. G 123
Meunier (M.). Un camp de représailles. G 124
Michelin (Guide). L'Alsace et les combats des Vosges. G 176
— Nancy et le Grand Couronné. G 177
— La Trouée de Revigny. G 178
— Le Saillant de Saint-Mihiel. G 179
— La Bataille de Verdun. G 180
Mornet (D.). Tranchées de Verdun. G 125
Moselly. Contes de guerre pour Jean-Pierre. G 84 et 126

Moselly.	Le Journal de Gottfried Mauser.	G	81
Niox (Gén.).	La Grande Guerre.	G	148
Nyrop (C.).	Guerre et civilisation.	G	57
Passelecq (F.).	Les Déportations belges.	G	167
Pastre.	Trois ans au front.	G	58
Pfister (Chr.).	Comment l'Alsace s'est donnée à la France.	G	59
—	Comment Mulhouse s'est donnée à la France.	G	60
Photiadès (C.).	La Victoire des Alliés en Orient.	G	175
Pierre II Petrovitch-Niegoch.	Les Lauriers de la Montagne.	G	61
Pierrefeu (J. de).	G. Q. G. Secteur I.	G	149
Pouvourville (A. de).	Jusqu'au Rhin.	G	62
Rageot (G.).	Thomas Bartlett en France.	G	127
Raynal (C^t).	Journal du fort de Vaux.	G	79
Régamey (J. et F.).	La Guerre à l'allemande.	G	167
René (H.).	Jours de gloire, jours de misère.	G	99
Rimbault (Cap.).	Journal d'un officier de ligne.	G	63
Rosnet (H.).	Tambour, professeur de civisme.	G	64
Roume (P.).	Jeunes classes.	G	128
Séris et Aubry.	Les Parisiens pendant l'état de siège.	G	65
Spenlé (J. E.).	L'Allemagne des Hohenzollern.	G	66
Stiernstedt (B^{onne}).	L'Ame de la France.	G	67
Sutherland (D^{esse} de).	Six semaines à la guerre.	G	168
Tharaud (J. et J.).	Une relève.	G	141

Thellier de Poncheville (Abbé).	Dix mois à Verdun.	G	80
Vallotton (B.).	Dis-moi quel est ton pays ?	G	129
—	Et la Suisse ?...	G	130
—	Leur calvaire !	G	131
Vandervelde (E.).	La Belgique envahie	G	169
Variot (J.).	La Croix des Carmes.	G	68
Vial (F.).	Territoriaux de France.	G	132
Vincent (D.).	La Bataille de l'air.	G	133
Viriot (A.).	Les Allemands à Nomeny.	G	91
Warnod (A.).	Petites images du temps de guerre.	G	69
Washburne.	Sur le front russe.	G	70
Watkins.	Avec les Français et en Flandre.	G	71
Welschinger.	La Mendicité allemande aux Tuileries.	G	72
Wenz (P.).	Bonnes gens de la Grande Guerre.	G	134
—	Choses d'hier.	G	135
X...	Les Allemands à Lille.	G	2
—	Carnet de route d'un officier d'Alpins.	G	5
—	Carnet de route d'un soldat allemand.	G	4
—	Deutsche Worte.	G	161
—	Guerre 1914-1918 : Chronologie de la guerre (10 fasc.).	G	152
—	Guerre 1914-1918 : Communiqués officiels (39 fasc.).	G	153
—	Historique du 26e régiment d'infanterie.	G	159
—	Journaux du front (Tous les).	G	160
—	Pages d'Histoire : Guerre 1914-1918 (40 fasc.).	G	151

X...   Rapports sur la violation du droit des gens en Belgique.   G 166
—   La Vie en Lorraine : la Grande Guerre.   G 3
—   Violations des lois par l'Allemagne.   G 1
Y...   L'Odyssée d'un transport torpillé.   G 100

DERNIÈRES ACQUISITIONS

Tout en Un.	Encyclopédie des Connaissances humaines.	A	1
Braunschwig (M.).	L'Art et l'Enfant.	B	92
Fisher (D.).	L'Éducation Montessori.	B	86
A*** (C^t A.).	Un Mois de soleil (Algérie-Tunisie).	C	761
Castex (R.).	Les Rivages Indo-Chinois.	C	756
Chevrillon (A.).	Marrakech dans les palmes.	C	751
Christol (F.).	Au Sud de l'Afrique.	C	757
Coillard (F.).	Sur le Haut Zambèze.	C	758
Hallays (A.).	Nancy.	C	748
Payeur-Didelot.	Trente mois au Continent mystérieux.	C	766
Pène-Siefert.	Jaunes et Blancs en Chine.	C	767
Peytral (L.).	Silhouettes tonkinoises.	C	768
Rondet-Saint (C.).	Les Randonnées asiatiques.	C	761
Vray (C.).	Mes Campagnes autour de Madagascar.	C	771
Wagner (E.).	Les Ruines des Vosges.	C	772
Adam (Mme J.).	Le Général Skobeleff.	D	1560
Albin (L.).	Mon brave régiment.	D	1561
André (D').	Les Franges du drapeau.	D	1064
—	Quatre Batailles (Rivoli, Marengo, etc.).	D	1562
Baudot (J.).	Les Princesses Yolande et les Ducs de Bar.	D	1563
Bellessort (A.).	Le Nouveau Japon.	D	1053

Blaison (L.).	Une ville de garnison sous la Restauration (Belfort 1822).	D 1066
Boucher (G¹).	Marathon.	D 1565
Cadoux (G.).	La Vie des grandes capitales.	D 1067
Caresme (L.).	Bonaparte lieutenant en second.	D 1566
Caron (P.).	La Défense nationale de 1792 à 1795.	D 1053
Carré (Alb.).	Les Théâtres en Alsace-Lorraine.	D 1567
Cathal (J.).	L'Occupation de Lunéville. 1870-1873.	D 1068
Choppin (H.).	Journal de captivité (1870-1871).	D 1069
Claretie (G.).	Drames et comédies judiciaires.	D 1070
Colomb (von).	Carnet de campagne d'un officier prussien (1813-14).	D 1071
Denis (P.).	America and Lorraine.	D 1072
Despiques (P.).	Soldats de Lorraine.	D 1569
Driault (E.).	La Question d'Orient (Origines-1920).	D 1557
Faure (E.).	Napoléon.	D 1054
Filon (A.).	Souvenirs sur l'Impératrice Eugénie.	D 1060
Guy-Grand (G.).	Le Conflit des idées dans la France d'aujourd'hui.	D 1055
Holzhausen (P.).	Bonaparte et la société parisienne.	D 1077
Karabtschevsky (N.).	La Révolution et la Russie.	D 1100
Lévy (R.-G.).	La Juste paix.	D 1089
Lobry (A.).	Une Famille au XIXᵉ siècle.	D 1078
—	Les Provinciaux.	D 1079

Louis (P.).	Le Bouleversement mondial.	D 1056
Madelin (L.).	Croquis lorrains.	D 1080
Parisot (R.).	Histoire de Lorraine.	D 1559
Parquin (C^t).	Souvenirs et campagnes d'un vieux soldat de l'Empire.	D 1581
Passelecq (E.).	La Question flamande et l'Allemagne.	D 1085
Pfister (Chr.).	Élisabeth de Ranfaing.	D 1582
—	La Pépinière de Nancy.	D 1086
Rambaud (A.).	Histoire de la Russie.	D 1061
Ramon (G. G.).	Frédéric de Dietrich.	D 1585
Rathenau (W.).	La Triple Révolution.	D 1099
Reclus (O.).	L'Atlantide.	D 1058
Reiber (F.).	Études gambrinales.	D 1586
Reinach (J).	Francia (Histoire de France).	D 1062
Tanera (Cap.).	Souvenirs d'un officier allemand (1870-1871).	D 1590
Thoumas (H.).	Causeries militaires.	D 1092
—	Les Vertus guerrières.	D 1094
Vachée (Col.).	Napoléon en Campagne.	D 1591
Vandervelde (E.).	Trois aspects de la Révolution russe.	D 1096
Weill (G.).	Histoire des États-Unis de 1787 à 1917.	D 1558
Welschinger (H.).	L'Alliance franco-russe.	D 1059
—	La Protestation de l'Alsace-Lorraine.	D 1097
Whitlock (Brand).	Un Américain d'Aujourd'hui.	D 1098
X...	Les Horreurs de l'Invasion (1870-1871).	D 1577
Delarüe-Mardrus (Mme).	Poésies complètes (7 vol.)	I 176 à 182
Verhaeren.	Poésies complètes (14 vol.)	I 183 à 194

L'on peut consulter sur place le Catalogue manuscrit
des autres séries
(il sera publié ultérieurement)

<table>
<tr><td></td><td></td><td>VOLUMES</td></tr>
<tr><td>Série A</td><td>Dictionnaires et Langues.</td><td>32</td></tr>
<tr><td>Série B</td><td>Éducation et Morale.</td><td>90</td></tr>
<tr><td>Série C</td><td>Géographie; Voyages.</td><td>780</td></tr>
<tr><td>Série D</td><td>Histoire, Archéologie, Biographie.</td><td>1.200</td></tr>
<tr><td>Série E</td><td>Histoire littéraire, Classiques français et étrangers.</td><td>180</td></tr>
<tr><td>Série H</td><td>Philosophie et Religions.</td><td>100</td></tr>
<tr><td>Série I</td><td>Poètes.</td><td>175</td></tr>
<tr><td>Série K</td><td>Polygraphes, Auteurs dramatiques.</td><td>350</td></tr>
<tr><td>Série N</td><td>Variétés, Mélanges, Périodiques.</td><td>1.000</td></tr>
<tr><td>Série O</td><td>Agriculture, Jardinage.</td><td>27</td></tr>
<tr><td>Série P</td><td>Art, Industrie, Commerce.</td><td>63</td></tr>
<tr><td>Série R</td><td>Droit.</td><td>60</td></tr>
<tr><td>Série S</td><td>Économie politique, Sociologie.</td><td>150</td></tr>
<tr><td>Série T</td><td>Hygiène, Médecine.</td><td>38</td></tr>
<tr><td>Série U</td><td>Littérature scientifique, Science amusante, Vulgarisation.</td><td>200</td></tr>
<tr><td>Série X</td><td>Mathématiques pures et appliquées.</td><td>15</td></tr>
<tr><td>Série Y</td><td>Physique et Chimie.</td><td>70</td></tr>
<tr><td>Série Z</td><td>Sciences naturelles.</td><td>200</td></tr>
</table>

IMPRIMERIE BERGER-LEVRAULT, NANCY-PARIS-STRASBOURG

BELLE JARDINIÈRE

PARIS

SUCCURSALE A NANCY

47, 49, 51, Rue Saint-Dizier

Vêtements confectionnés et sur mesures

pour

Hommes, Dames, Enfants et Fillettes

H. BELLIÉNI — 1, place Carnot — NANCY

RITTER, Successeur

INSTRUMENTS de Précision, d'Arpentage et de Nivellement

OPTIQUE

Lunetterie — Pince-nez — Faces à Main
MICROSCOPES *de toutes marques*

BAROMÈTRES — THERMOMÈTRES — HYGROMÈTRES, etc.

PHOTOGRAPHIE

Jumelles et Appareils Extra-plats BELLIÉNI
Simples et Stéréoscopiques

Appareils de toutes marques

Accessoires et tout ce qui concerne la photographie
Travaux d'amateurs — Livraison rapide

Musique & Instruments